Du bist gegangen – folgend einem Ruf,
dem keiner sich verweigern kann,

der eines Tages jedermann erreicht
und keinen auslässt.

Bisher konnt' ich dir immer folgen –
hier endet jedoch unerbittlich mein Geleit.

Loslassen muss ich dich,
die Hände können dich nicht halten.

Doch will ich
dessen mich getrösten:

Erwartet wurdest du von dem,
der dich ins Leben rief.

4

Wir haben die Stunde
vor Augen gehabt.
Wir haben gewusst:
Uns bleibt nicht viel Zeit.

Das letzte Stück
war ein schwerer Weg.
Du hast gekämpft
und ich stand hilflos betend oft daneben.

An deinem Sterbelager dacht' ich in den letzten Stunden
an das, was war, was uns verbunden hat,
was wir erlebten und erlitten,
und hatte das Gefühl, dass unsere Gedanken sich berührten.

Jetzt ist der Kampf zu Ende.
Ich war dir nahe bis zum letzten Atemzug,
hielt deine Hand...
und spürte schließlich das Erkalten.

Ich weiß, dass du erlöst bist
von der Krankheit und den Schmerzen.
Mir bleibt der andere Schmerz:
dass unser Miteinander hier zu Ende ist.

Die Tränen werden
nach und nach sich mehren,
wenn ich begreife,
was mit dem Sterben ich verlor.

„Ich bin überzeugt, dass ein Mensch, dessen Hand wir nehmen in der Stunde nach seinem leiblichen Sterben, hört, was wir ihm sagen. Wir brauchen dazu keine besonderen Fähigkeiten, wir brauchen nur offen zu sein für die Tatsache, dass die Wand dünn ist zwischen der Welt jenseits der Schwelle und der unseren."

Jörg Zink

Geblieben
von besonnten Tagen
ist dein Schatten

Noch
atmet alles
deine Gegenwart

Der Tisch
der Stuhl
das Bett

In jedem Raum
bist du
noch da

Oft möcht' ich
ein Gespräch mit dir
beginnen

Nur – meine Worte
können dich
nicht mehr erreichen

Allein
das Echo meiner Stimme
kehrt zu mir zurück

„Das Ewige ist stille,
Laut die Vergänglichkeit;
Schweigend geht Gottes Wille
Über den Erdenstreit."

Wilhelm Raabe

Ich habe dich verloren. Was für ein Verlust.
Mein Leben ist ärmer geworden.
Manchmal sage ich mir:
Jetzt erst kann ich ermessen,
wie sehr du mein Leben reich gemacht hast.

Ich habe dich verloren.
Das Schlimmste am Verlieren ist:
Ich weiß nicht, wo ich dich suchen soll.
Ein Dunkel hat dich aufgenommen,
das meine Augen nicht durchdringen.
Ich trete an dein Grab und weiß nicht, wo du bist.
Bist du dort dem Vergehen preisgegeben?
Oder ist da irgendwo – irgendetwas – was bleibt?
Was weiterlebt, außerhalb meiner Erinnerung?

„Wir wollen nicht trauern, dass wir sie verloren haben,
sondern dankbar sein dafür, dass wir sie gehabt haben,
ja auch jetzt noch besitzen.
Denn wer heimkehrt zum Herrn,
bleibt in der Gemeinschaft der Gottesfamilie
und ist nur vorausgegangen."

Hieronymus (341–420)

Immer wieder
trüben Tränen
meinen Blick

Hadere ich
mit dem Schicksal,
das uns trennte

Brechen in mir
Fragen um das Sterben
auf

„Ewige Ruhe" –
diese Aussicht für dich
beruhigt mich nicht

Wie viele Pläne hat
das Kreuz auf deinem Grab
durchkreuzt

Als Feind ist uns
der Tod begegnet,
nicht als Freund

Genommen hat er,
nichts gegeben,
lässt trostlos traurig mich zurück

„Unser
Glaube an Gott
bestimmt,
wie wir
mit unseren
zerbrochenen Träumen
fertig werden."

Martin Luther King

„Wenn nicht
geschehen wird,
was wir wollen,
dann wird geschehen,
was besser ist",
tröstete sich
Martin Luther
beim Tod
seiner Tochter Magdalene.

Hoffnungsvoll
begann
unsere Gemeinsamkeit

Aufstrebend
meinten wir
den Himmel zu erobern

Doch dann
kam ein
Umschwung

Erde zu Erde
Asche zu Asche
Staub zum Staube

Es schmerzt
alle Hoffnungen
sinken zu sehen

Am Ende
hoffnungslos
die Tränen

„Den eigenen Tod, den stirbt man nur.
Doch mit dem Tod der anderen muss man
leben.“

Mascha Kaléko

Schmerz kann lähmen.
Aller Antrieb scheint erloschen.
An manchen Tagen meine ich,
dass mich alles bereits am Frühstückstisch niederdrückt.
Alles tut so weh.
Zentnerschwer verspüre ich das Schicksal auf meinen Schultern.
Jeder Ausblick verschwimmt vor mir.
Ich weiß nicht, wie alles weitergehen soll.
Wenn alle Aussicht genommen,
ist es schwer, der Zukunft entgegenzusehen.
„Dennoch" – was für ein wichtiges Wort –
„dennoch" will ich mich nicht hängen lassen.
Ich will mich nicht aufgeben.
Immer wieder spreche ich mir diese Botschaft ganz persönlich vor.
Ich ahne: Dieses „Ich will" ist der Hebel,
mit dem ich gegen alles angehen kann, was mich bedrückt.
Es vermag die Niedergeschlagenheit auszuhebeln
und Raum zu schaffen für die Hoffnung,
dass es eine Zukunft gibt –
auch, wo unsere Augen nichts sehen.

Aufblicken möchte ich,
doch – gesenkt ist mein Haupt
und niedergeschlagen mein Blick.
Tränenschwer sind meine Augenlider
und wund ist meine Seele.
Wie erstarrt sehe ich auf die Erde,
die dich aufgenommen hat.
Abschied nehmen tut weh.
Ich spüre, wie die Traurigkeit alles nach unten zieht.
Vieles fällt mir ein,
was ich dir gerne noch gesagt und für dich getan hätte.
Nun ist es zu spät.
Bedrückt vom Schmerz
durchlebe ich mühsam meine Tage
und frage voller Sehnsucht:
Was kann mich trösten?
Wer wird mir helfen?
Ich höre: Hilfe kommt vom Herrn,
der den Himmel und die Erde gemacht hat.
Aus seiner Hand kommt unser Schicksal.
Und seine Hand lässt nichts los –
im Leben nicht und nicht im Sterben.
„Ich sage dir, du wirst noch heute mit mir im Paradies sein."
Galt das nur dem Sterbenden damals am Kreuz?
Gilt das nicht auch denen,
die von uns gegangen sind?
Und verspricht er nicht den Überlebenden:
„Ich bin bei euch alle Tage bis an der Welt Ende."
Hilfe kommt von dem, der keinen verlässt.
Versuchen möchte ich, darauf zu vertrauen.

Nach Psalm 121

Darum werft euer Vertrauen nicht weg,
welches eine große Belohnung hat.
Geduld aber habt ihr nötig,
damit ihr den Willen Gottes tut
und das Verheißene empfangt.

Hebräer 10, 35–36

A MEMORIA DE
MARIA FELECIDADE
A MEMORIA
DE
INACIO GON.
A MINHA ALMA
CONFIA NA
PALAVRA DE
DEUS
A MEMORIA DE

Auf vielen Friedhöfen
ist immer wieder zwischen den Grabsteinen
das Symbol der abgebrochenen Säule zu entdecken.
Ein Zeichen des Protestes
gegen das frühe Sterben eines Menschen.
Wer kann es schon begreifen,
warum der Tod so viele zur Unzeit überrascht?
Warum musstest du schon gehen?
Eine Frage – so häufig und so viel gestellt.
Warum schon jetzt? Und: Warum so?
Diese nicht beantwortbaren Fragen
spiegeln sich wider
im Symbol der abgebrochenen Säule.
Wir denken:
Eigentlich könntest du doch noch unter uns sein.
Wir hätten noch so viele Möglichkeiten
für dich in deinem Leben gesehen.
Und: Wir hätten gewünscht,
dass du sie noch verwirklichen kannst.
Deine Hoffnungen – unsere Wünsche für dich –
sind abgebrochen wie eine Säule,
die in der Mitte zerbricht.
Ein Ende – mitten im Leben.
Mitten im Leben – vom Tod umgeben.
Doch wir bekommen auf das „Warum?“ keine Antwort.
Wir müssen mit den abgebrochenen Säulen leben.
Manchem hilft dabei der Hinweis,
statt „Warum?“ – „Wozu?“ zu fragen.
Was für eine Botschaft hat für mich
dieser viel zu frühe Tod?
Hatte ich dieses Erleben nötig,
um daran zu wachsen und zu reifen?

Gottes Wege sind dunkel,
aber das Dunkel
liegt nur in unseren Augen,
nicht auf Gottes Wegen.

Matthias Claudius

Die anderen Bilder von Tod und Leben

Als die Ostersonne
nach dem Karfreitag
aufging,

verwandelte sie
das Kreuz
in ein Siegeszeichen.

Nun wirft die Ostersonne
einen Schatten des Kreuzes
auf die Erde.

Verwandelt in Hoffnung
das trostlose
„zu Erde sollst du wieder werden".

Christus verlässt die,
die wir der Erde anvertrauen,
nicht.

Für ihn
ist der Tod
keine Grenze mehr.

Niemand wird einen abgeernteten und gepflügten Acker
als einen traurigen und trostlosen Ort ansehen.
Der Acker ist eine Stätte des Durchgangs.
Korn wurde in seine Furchen gesät.
Die Körner zerfielen.
Aber – jedes Korn trieb einen Keim des Lebens aus.
Es begann ein neues Wachsen.
Halme trieben aus der Erde,
wiegten sich im Wind,
bildeten Ähren aus,
die in der Wärme der Sonne
zum Tag einer neuen Ernte heranreiften.
Der abgeerntete Acker wurde gepflügt
und wiederum Korn in seine Furchen gesät.
Der Acker: eine Stätte des Durchgangs.

Ich finde es sehr tröstlich,
dass in manchen Gegenden der Friedhof
noch „Gottesacker" genannt wird.
Diese Bezeichnung weist auf das Geheimnis hin,
das unseren Tod umgibt.
Im Grab verläuft unser Leben nicht im Sand.
Es gibt ein „weiter", ein „darüber hinaus" –
auch wenn das die Grenzen unserer Vorstellungen sprengt.

Vogel

Die Blumen auf dem frischen Grab sprechen eine ganz eigene Sprache.
Sie reden von neuem Leben,
das da wächst,
wo wir ein Leben, das uns erfüllte, beerdigen mussten.
„Das Leben geht weiter", sagen die frischen Blumen auf dem Grab.
„Glaub es! Vertrau darauf!
Das Leben geht weiter für den Verstorbenen, wenn auch unvorstellbar.
Auch dein Leben geht weiter,
obwohl du einen schmerzlichen Verlust beklagen musst."
Ob wir ein Ohr haben für die Stimme der Blumen auf dem Grab?

Wir sehen den kleinen Käfer.
Er ist mühsam am schwankenden Halm
emporgeklettert.
Ist nun da oben alles aus,
wo er das Ende des Grashalms erreicht?
Keineswegs.
Gleich tragen ihn keine Füße mehr.
Gleich tragen ihn seine Flügel.

Ist das nicht eine tröstliche Nachricht
auch für Trauernde?
Jetzt tragen keine Füße mehr.
Jetzt tragen Flügel des Vertrauens.
Der Apostel Paulus
weckt diese Hoffnung in uns:

„So gehen wir unseren Weg –
als Menschen, die an ein Ende kommen
und sterben müssen
und denen Gott doch das Leben erhält."

Freie Übertragung von 2. Korinther 6,9

Das Trostkreuz

In einer Töpferstube
einer Kirchengemeinde
ist es entstanden:
das Trostkreuz.

In einer Gestaltung
zeigt es das Leiden
und zugleich die Osterhoffnung.
Leidlinien laufen
auf die Mitte dieses Kreuzes zu.
Es gab nicht nur damals eine Passion
vor zweitausend Jahren.
Ungezähltes Leiden
wurde seither erduldet.
Alle Leidlinien laufen
auf die Mitte zu,
auf den Ort des Todes,
wo viele – wie er – das Leben aushauchten.
„Es ist vollbracht."
Und genau dort
beginnt etwas Neues.

Wo alles zu einem Ende drängt,
bricht eine Blüte auf
wie eine Rose,
die sich entfaltet.

Manchmal fragen wir
mitten im Leiden:
Wo führt das noch alles hin?
Was habe ich wohl noch zu erwarten?

Am Ende bricht neues Leben auf.
Es wächst heraus
aus dieser Dimension des Lebens
in eine ganz andere.

Es gibt viele Bilder,
die davon sprechen,
dass dort,
wo wir nichts als ein Ende sehen,
kein Ende ist.

Ein Übergang erwartet uns,
sagt dieses Bild vom Flussufer.
Sterben ist wie das Erreichen eines Ufers.
Kähne stehen bereit,
um uns an das andere Ufer zu tragen.

Spirituals – die geistlichen Lieder
der schwarzen Bevölkerung in den USA –
greifen dieses Bild oft auf.
„Über den Jordan gehen",
so nannten sie das Sterben
und hofften auf das ganz Andere,
das uns dort erwartet.

Tiefer Strom – meine Heimat ist drüben
auf der anderen Seite des Jordans.

Tiefer Strom – ich möchte dich überqueren,
um hinüber zu gelangen zu dem Ufer der Rettung.

Oh – verspürst du nicht den Wunsch,
an dem Fest der guten Nachricht teilzunehmen
im verheißenen Land, dort, wo wahrer Friede ist?

Tiefer Strom – meine Heimat ist drüben
auf der anderen Seite des Jordans.

Negro Spiritual

„Komm, lass mich los,
lass mich gehen,
ins Andere, ins Unbekannte,
dass ich die Fremde kennenlerne
und Liebe finde nah und ferne."

Sybille Fritsch

So drückt es eine zeitgenössische
Stimme aus,
die auf ihre Weise die Hoffnung
auf das „ganz Andere"
laut werden lässt
und gewiss ist,
Liebe hier wie dort zu finden.

Friedrich Rögele
Emma Popp
Friedrich Keck
Frieda Lechler

Ein Dorffriedhof in Mittelfranken

Ganz zufällig entdeckte ich ihn,
diesen Friedhof um die Kirche in Segringen,
einem Dorf bei Dinkelsbühl.

Ich öffnete das Tor
und betrat diesen eigenwilligen „Hof des Friedens",
auf dem ein Grabkreuz dem anderen gleicht.
Wenn auch der Blumenschmuck auf den Gräbern
bunt und unterschiedlich war,
die gleichartigen Kreuze auf den Gräbern
drückten eine besondere Botschaft aus, das spürte ich.

Der Tod macht alle gleich.
Der Reiche, der Arme, der Junge, der Alte –
wir alle stehen im Letzten vor Gott gleich da.
Alle Unterschiede des Alters, des Vermögens,
der Bildung, der Erkenntnis und der Lebenserfahrung
werden im Sterben eingeebnet.
Der Tod macht alle gleich.

Luther drückte das einst auf seine Weise aus:
„Wir sind Bettler, das ist wahr."
Nur das Kreuz steht jetzt noch da –
über jedem Grab gleich,
als spräche der Gekreuzigte
jedem Einzelnen im Grab die Verheißung zu:
„Ich will euch in eurer Armut reich machen.
Das könnt ihr erwarten.
Es wird mein Geschenk sein, an euch alle.
Ein Leben jenseits dieser traurigen Grenze,
ganz anders, als ihr es erwartet habt."

Was für eine Aussicht
eröffnet dieser Dorffriedhof!

Jesus Christus:

„Ich bin die Auferstehung und das Leben.
Wer an mich glaubt, der wird leben,
auch wenn er stirbt;
und wer da lebt und sich auf mich verlässt,
für den wird nicht der Tod,
sondern das Leben das Letzte sein."

Nach Johannes 11, 25 + 26

Psalmgebet

O Gott,
lass mich darauf vertrauen:
Wenn du uns löst aus allem, was vergeht,
es wird eine Erlösung sein.

Es wird sein wie im Traum:
Das Weinen wird sich wenden in ein Lachen.
Was krank war,
wird in Ewigkeit gesund.
Aus Zweifeln kommen wir zum Schauen.
Vergängliches steht auf
zur Unvergänglichkeit.
Wer dann zurückschaut, wird begreifen:
Großes hast du, Gott, an uns getan.

Nimm nun mein Leben, Herr,
in deine Hand
und bringe einst auch mir
die letzte Wende.
Lass mich erfahren:
Was in Tränen stirbt,
das wird in Freude auferstehen.
Was wir in unsre Erde säen,
wird in ein neues Leben wachsen.

Lass das
auch meine Hoffnung sein,
mit der ich lebe
und mit der ich sterbe.
Amen.

Nach Psalm 126

Noch pflegen Menschen
liebevoll
die Gräber.

Sie gießen
und
sie jäten,

wetteifern
in der Pflege
mit den anderen,

auch wenn
der Fiedhofsdienst
zur Last wird.

Doch irgendwann

Als ich die Tür zu einem etwas von der Straße abgelegenen Friedhof auf der Insel Lanzarote öffnete, erschrak ich. Von Besuchen auf unseren Friedhöfen war ich gewohnt, dass man die Gräber pflegte und mit Blumen schmückte – und seien es Efeupflanzungen zu einem pflegeleichten Waldgrab.
Hier aber stand ich vor vertrocknetem Ungepflegtsein. Holzkreuze, schief und krumm.
In der Sommersonne vertrocknetes Unkraut.
Im Hintergrund – offensichtlich ein frischeres Grab – mit einigen Herbstblumen.
Ich war entsetzt, empfand die Ruhestätte ihrer Toten als unwürdig.

Dann aber begann dieser Friedhof mit mir zu reden:

Du musst damit rechnen:
Es kommt der Tag, an dem auch eure Gräber
von solchen Gräsern überwuchert werden.
Das Vergessen wird die Hügel überziehen,
die unser gewesenes Leben aufnehmen.
Gewiss, eine Weile noch Blumen,
eine Weile noch Besuche,
dann wird auch irgendwann,
spätestens mit den nächsten Generationen,
die Erinnerung verdorren.

Nur bei Gott verdorrt Erinnerung nicht.
Bei ihm bleibt in Ewigkeit lebendig,
was einmal von ihm ins Leben gerufen wurde.
Wir wurden in ein Leben gerufen,
das kein Tod beenden kann.
Eine unglaubliche Hoffnung.

Zwischen Erinnerung und Erwartung

Damals
standen wir
nebeneinander
am Altar.

All die Jahre
standen wir
miteinander
vieles durch.

Eines Tages
liegen wir
nebeneinander
im Grab.

Miteinander
stehen wir auf.

Petrus Ceelen

Bleibe bei uns, Herr,
denn es will Abend werden,
und der Tag hat sich geneigt.
Bleibe bei uns und bei deiner ganzen Kirche.
Bleibe bei uns am Abend des Tages,
am Abend des Lebens,
am Abend der Welt.
Bleibe bei uns mit deiner Gnade und Güte,
mit deinem heiligen Wort und Sakrament,
mit deinem Trost und Segen.
Bleibe bei uns,
wenn über uns kommt
die Nacht der Trübsal und Angst,
die Nacht des Zweifelns und der Anfechtung,
die Nacht des bitteren Todes.
Bleibe bei uns
und bei allen deinen Gläubigen
in Zeit und Ewigkeit.

Georg Christian Dieffenbach

Ein Epitaph an der Marktkirche in Hannover

Zwischen Trauernden –
der Herr am Kreuz

als wollte er sie zusammenhalten
im Glauben,
in der Hoffnung

er bleibt denen nahe
die gegangen
den Gegangenen bleiben wir nahe
wenn wir seine Nähe suchen